내 꿈은 숫자가 없다

김순희 시집

土房

국립중앙도서관 출판예정도서목록(CIP)

내 꿈은 숫자가 없다/지은이: 김순희.--서울 : 土房, 2014

　　　p. ;　　cm

ISBN 978-89-87066-97-4 03810 : ₩10000

한국 현대시[韓國現代詩]

811.7-KDC5
895.715-DDC21　　　　　　　　　　　CIP2014028722

시인의 말

감동으로 담겼으면…

   꿈만 같습니다. 오늘따라 바람이 상쾌합니다.
   시인의 길로 이끌어 주신 교수님과 재능을 조건 없이 지도로 나누어 주신 산타시인님!
   그리고 글공부를 함께 해온 문우들에게 고마운 마음을 전합니다.
   제가 쓴 글들이 시집을 통해 이제 세상에 나가게 됩니다. 글을 쓰면서 늘 생각했던 것처럼, 한 편 한 편 쓴 글들이 읽는 독자들 가슴에 감동으로 담겼으면 좋겠습니다.
   늦은 나이에 시를 공부한다고 했을 때, 내 편이 되어 응원해 준 사랑하는 남편과 곁에서 지켜봐 준 가족들에게 감사의 마음을 전합니다.
   시집이 발간 될 수 있도록 용기와 격려를 준 모든 분들께 다시 한 번 감사드립니다.

                            2014년 10월 서초동 뜰에서
                                      눈꽃 김순희

차례

- 시인의 말 / 3

1. 생각속의 너

지혜 —— 12
당신! 누구세요? —— 13
생각속의 너 —— 14
손난로 —— 15
그리움의 바다 —— 16
세월 —— 17
눈싸움 —— 18
추억 —— 19
나무에게 —— 20
당신에게 —— 21
나이가 들었다 —— 22
꿈 —— 23
살아 있음에 —— 24
카톡의 세상 —— 25
힘내야지 —— 26

2. 행복 공간

아! 말 못해 —— 28

강가에서 —— 29

꽃들이 바쁘다 —— 30

행복이 내리네 —— 31

황사 —— 32

4월에는 —— 33

소식 —— 34

넥타이 —— 35

둥근 마음 —— 36

바로 당신입니다 —— 37

어머니 —— 38

내 안의 그대와 —— 39

행복 공간 —— 40

3월에 —— 42

차례

3. 봄이 내 곁에

현수막에 걸린 모정 —— 44

비는 아마도… —— 45

향기로 오신 당신 —— 46

좋은 날 —— 48

단풍 —— 49

자신감 —— 50

소나무 —— 51

부부 —— 52

하모니카 —— 53

수줍음 —— 54

기억속의 창고 —— 55

가족 —— 56

봄이 내 곁에 —— 57

궁금증 —— 58

좋은 이유 —— 60

4. 그리움의 풍선

침묵 —— 62

꿈길에서 —— 63

그리움의 풍선 —— 64

나에게 당신은 —— 65

시(詩)의 길 —— 66

목련 —— 67

손 —— 68

너와 나는 —— 69

희망 —— 70

시가 있어 좋은 밤 —— 72

다시 보고 싶다 —— 73

황산에서 —— 74

똑! 똑! 똑! —— 75

진주목걸이 —— 76

차례

5. 단풍잎 엽서

내 5월은 —— 78
6월의 모습 —— 79
손을 보며 —— 80
사랑의 저울 —— 81
달맞이 꽃 —— 82
거울 —— 83
빛바랜 사진을 보며 —— 84
상추 —— 85
깍두기 —— 86
그리운 어머니 —— 87
단풍잎 엽서 —— 88
반갑다 —— 89
가을 언덕에서 —— 90
가을 앓이 —— 91
보물 1호 —— 92

6. 개망초 하얀 바다

물방울 —— 94

바람 편에 —— 95

커피 맛 —— 96

9월 —— 97

"이모!" 하고 부르면 —— 98

개망초 하얀 바다 —— 99

꿈 많은 소녀 —— 100

벚꽃이 피면 —— 101

안부 —— 102

흔적이 없네 —— 103

8월 —— 104

엄마의 향기 —— 105

쑥부쟁이 —— 106

나의 비타민 —— 107

해바라기 —— 108

차례

7. 우산 하나로

사랑 —— 110

커피 타임 —— 112

어머니 오늘은… —— 113

내 멋진 친구 —— 114

들꽃 —— 116

우산 하나로 —— 117

그런 친구 —— 118

딸에게 —— 120

9월의 약속 —— 122

남해의 밤풍경 —— 123

오늘은 —— 124

젓가락 —— 126

저수지에서 —— 128

산 —— 130

1

생각속의 너

지혜

아름다운 외모는
잠시 머물렀다 사라지는 거품!
온 줄 알았을 땐
이미 떠나간 허무한 뭉게구름

사라지고
떠나보내고
내 안을 들여다 본다

그제야 보낸 것이 아니라
나와 함께
가고 있다는 것을 알았다

세월이 미소만큼
부드럽게 간다.

당신! 누구세요?

알 듯 모를 듯
조금씩
다가오는 마음!

안개일까?
아니 나무일거야

당신!
누구세요?

생각속의 너

밤마다
너를 기다린다

오늘처럼 더디게 오는 날이면
눈 감고
내가 먼저 찾아 나선다

가깝고도 멀리 있는 너는
행복과 외로움을
함께 주는 연인

힘든 것을 알면서도
매일 기다리는
생각 속의 너.

손난로

갑자기 추워진 날씨 탓에
손이 얼었다

슬쩍 잡아주는 손
크고 두툼한 손
부드럽고 따뜻한

넉넉한 손
친구 손
행복한 우리 손.

그리움의 바다

파도가 춤을 추던 바다
젊은 날의 꿈을 싣던
바다가 그립다

너는 내 안을
힘차게 날고 있는 갈매기

너는
내 그리움의 바다다.

세월

어제는
오늘의 추억

오늘은
내일의 뒷모습

보내고 싶은 기억
보내기 싫은 기억.

눈싸움

받아라!
맞아라!
눈싸움 하고 있는
성이와 덕이!

던지고
피하고
저러다 둘 다 웃겠지

이기고
지고
승패가 없는 눈싸움!

추억

깍뚝 깍뚝
세모!
싹뚝 싹뚝
네모!

눈이 내리던 날
어머니와
추억으로 만들었던
추억으로 버무렸던

세모
네모
깍두기!

나무에게

날씨와의 전쟁에서 지쳐서일까?
나처럼 축 처진 나무에게
따뜻한
차 한 잔 권하고 싶다.

당신에게

사랑합니다
당신을 사랑합니다

한 번 아픔으로
어깨가 좁아지고
표정이 굳어지고…

익숙했던 그 모습으로
다시 돌아 온 당신
눈물이 납니다

처음 만난 그때 그 마음으로
당신을 사랑하겠습니다

당신을 사랑합니다.

나이가 들었다

젊었을 때는
예쁘다는 소리를 들어도
그저 당연하게 여겼다

그때는 몰랐다
나이 든 사람들이
부러워하는 그 이유를….

꿈

내 꿈은
숫자가 없다

내 꿈은
색깔도 없다

하지만
내 꿈은
삼월의 아침처럼

일 년 내내
늘 시작을 속삭인다.

살아 있음에

바람이 잦아들고
달빛으로 고요한 밤!

툭! 툭! 툭!
심장이 뛴다

잠들지 못하는 나에게
다가선 그리움
생각이 따라 뛴다

살아있다는 사실에
감사함을 느끼는 밤!

카톡의 세상

눈을 뜨자마자 창을 엽니다
습관처럼, 일과처럼
오늘은 무슨 빛일까?

개었을까? 흐렸을까?
편안한 휴식 속에 찾아 온 평화!

손바닥만큼 열어놓은
그 호수 속에
무슨 엽서가 띄워졌을까?

오늘도 습관처럼
카톡 창을 열어봅니다.

힘내야지

진눈깨비가 오려나
잔뜩 찌푸린 하늘!

날씨 탓이런가
온 몸이 찌뿌둥하고
짝 잃은 친구 생각에
마음은 천근만근

그래도 힘내야지
친구를 위로하려면
내가 힘 빠지면 안 돼

힘내야지
쑥! 쑥!
해처럼 솟아올라야지.

2

행복 공간

아! 말 못해

드릴 말씀이 있어요
아! 말 못해

용기 내 볼게요
아! 부끄러워

저
할,
할매라요.

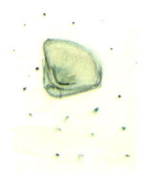

강가에서

흙에 반쯤 묻혀있는
조약돌 하나
애처로워 닦아주니
웃으며 바라본다

고맙다며
내 그리운 추억을 꺼내준다.

꽃들이 바쁘다

겨울이 봄을 뛰어 넘는다
꽃들이 바쁘다
속도위반이다
과속이다

어제까지도
세상모르고 자는가 싶더니
아침 일찍 꽃을 피웠다

벚꽃·목련·진달래·개나리…
모두가 고개를 내밀고
모두가 창백하게 기다림을 연다

그래도 아직은
봄이다
꽃들이 바쁜 걸 보니.

행복이 내리네

하늘, 나무, 길…
온 세상 하얗게
눈이 내리네

나뭇가지 끝에
홀로 앉은 새!

맑은 새소리에도
눈이 내리네

그대 생각에
행복이 내리네.

황사

달빛이 흐리다

별 하나도 보이지 않아
힘이 빠진 달
아파트 꼭대기에 걸려있다

황사에 가려
달빛이 흐리다

촛불을 밝혀야겠다.

4월에는

밤새 적은 엽서
휴지통에서 한숨 짓는다

꽃샘추위에
꽁꽁 언 마음!

나에게
따뜻한 바람이 그립듯
4월에는
눈빛 고운 당신이 그립다.

소식

똑! 똑! 똑!
마음 문을 열어봅니다

감기가 걸렸을까?
밤새 배탈이 났을까?
봄나들이 갔을까?

자꾸
궁금해집니다.

넥타이

행복한 느낌으로
지그시 눈을 감는다

환한 미소
넉넉한 연륜
오늘도 할 일 있듯
아직은 내가 필요할 때다

누군가를 위해
내 역할을 하고 있는
오늘!

행복하다.

둥근 마음

소 등이 둥글다
아버지 등이 둥글다

산 너머 언덕이 둥글고
바라보는 눈망울이 둥글다

봄을 기다리는
우리의 마음이 둥글다.

바로 당신입니다

마음이 허전할 때
말없이 손 내밀어 주고
말동무되어 줄 사람이 있고,
내 편이 되어 줄 사람이 있다면
그 사람은 바로 당신입니다.

모두들 떠나갈 때
내 곁에 머물러주고
내가 힘들어 할 때
포근하게 안아주는 사람이 있다면
그 사람은 바로 당신입니다.

미소 짓는 얼굴에서
언제나 향기가 나는 사람!
그 사람이 바로 당신입니다.

어머니

투박한 손
마디마디에 맺힌 그리움
이 손은 여섯 남매의 안식처!

쏟은 힘만큼 베푼 사랑은 깊어지고
받은 사랑만큼 얻은 보람은 넓어지고

어머니!
당신은 내 부드러운 손입니다

내 가슴에서
새싹처럼 희망을 일구던
사랑입니다.

내 안의 그대와

개나리·목련·진달래·벚꽃들
활짝 핀 4월 한낮

내 안의 그대와
꽃길을 걷는다

둘이 서로 꽃이 되는 봄.

행복 공간

날씨가 흐리면 어떻습니까?
바람이 불면 어떻습니까?
어깨 좀 부딪히면 어떻습니까?

붐비는 지하철에서
설령
발 좀 밟혔으면 어떻습니까?

들어갈 집이 있고
반겨 줄 가족이 있고
미소 지을 여유가 있는데

그 행복 공간의 주인이
지금 나인데
더구나
당신까지 있는데 말입니다.

3월에

시간이 서성인다

호기심과 사랑이
번갈아가며
꽃밭을 만들었다

내 앞에서
사랑을 색칠하고 있는
꽃밭!

3월마다 만나는
당신!

3

봄이 내 곁에

현수막에 걸린 모정

경부고속도로 입구에
현수막이 걸려있다

비가 오나
눈이 오나
하루도 빠짐없이 통곡하는 사연!

"딸을 찾아주세요!"
딸을 찾는 어미의 애절한 심장이
소리치고 있다

관심 없이 지나치는 차 위로
오늘도 울부짖는 현수막
12월 찬비에 젖고 있다.

비는 아마도…

비는
사랑을 재촉한다

우산 하나로
둘이서 웃게 하는

비는
가슴 찡한 영화다

떨어지는 빗방울 속에
주인공이 되게 하는.

향기로 오신 당신

아침을 엽니다

혹여 창밖에
당신 기다리고 있을까
마음 가다듬고 엽니다

솔향기가 먼저 달려와
품에 안깁니다

오늘은
함께 걷던 기억 속
향기로 오신 당신!

당신 때문에
창문 닫을 생각을 잊은 채
행복 속으로
하루여행이 시작됩니다.

좋은 날

솔잎에 맺힌 이슬
이슬 속에 당신 미소
당신 만나는 날은
늘 내 안이 새벽입니다

그리움으로…
사랑으로…

오늘도
참 좋은 하루가 될 것 같은
행복한 예감!

단풍

풋풋한 젊음으로
여름을 품고 있던 나뭇잎들이
가을로 들어선다

낯익은 이야기 꺼내놓고
수줍어 붉은 단풍!

시간이 흐르면 흐를수록
더 고와지는 붉은 색.

자신감

자신 없던 나에게
용기를 주었다
보물이 되었다

요술인가?
마술인가?

내가
나를 낚는 낚시 바늘!

소나무

소나무를 힘껏 껴안아본다
쿵! 쿵! 쿵 !

네 가슴 뛰는 소리
쿵! 쿵! 쿵 !

내 가슴 뛰는 소리
쿵! 쿵! 쿵 !

아직 우린
젊은가보다.

부부

아내는
남편을 닮고

남편은
아내를 닮는다

얼굴
성격
식성까지

사랑하면서 닮아왔다
지금 우리처럼.

하모니카

유리창에 비친
달이 창백하다

끊어질 듯 이어지는
깊은 음율
별이다

내 가슴에
포물선을 그리는
네 그리움이다.

수줍음

미워요

살짝
당신을 흘겨봅니다

눈도 마주치지 못하고
당신이 밉다고 말하는 것은

당신 앞에서만 튀어나오는
핑계입니다.

기억속의 창고

할머니의 집에는
할머니와 나만 아는 창고가 있다

이제는
내가 할머니가 되었지만
나만이 문을 열 수 있는
기억속의 그 창고.

가족

해님이 웃는다
꽃들이 웃는다

내가 웃고
네가 웃고
모두가 함께 웃었다

기다리던 네가
집에 오던 날….

봄이 내 곁에

겨울 나뭇가지에
연둣빛 물이 오르네

나뭇가지 사이로
지나가던 바람소리
숨죽여 듣고 있네

아~
봄이다.

궁금증

바람이 구름에게
무어라고 말했을까?

구름이 나뭇잎에게
무어라고 답했을까?

나뭇잎이 풀잎에게
무어라고 귓속말을 했을까?

잠자리는 왜
떼를 지어 날아다니는 걸까?

바람은 왜 억새풀 머리를
쓰다듬고 갔을까?

왜 이렇게 궁금할까?

가을하늘 저리 맑고
높기만 한데.

좋은 이유

육백만 불 사나이가 아니고
초능력자도 아니고
잘 생긴 영화배우도 아니고

그래도 좋다
내가 사랑하는 당신이니까.

4

그리움의 풍선

침묵

오늘도
불 꺼진 창을 보고 돌아 왔습니다
길게 드리워진 회색 커튼,
별도 없고
초승달만 추워 보입니다

입김을 불어 줍니다
따뜻한 마음도 함께

별들이 찾아들고,
어느덧 초승달도
실눈처럼 웃고 있습니다

그대를 닮은 것 같습니다.

꿈길에서

길에서
우연히 너를 만났다
여전히 웃고 있는 너!

꿈길
안개공원에서
가끔 너를 만나곤 했었지

창 밖에 비가 내리고
너와 함께 걸어간
꿈길이 열린다.

그리움의 풍선

비 개인 날
하늘이 푸르다

쨍! 하게 맑다

파란 하늘에
분홍풍선·파랑풍선·빨강풍선을 띄운다

그리움 가득 담긴
내 마음을 띄운다

무지개도 함께 띄운다.

나에게 당신은

설렘입니다

지금도 나를
아름답게 보이고 싶도록 만드는

반 백 년을 함께 걸어 왔어도
당신은
나의 첫사랑

앞으로도
늘 소중한 첫사랑!

시(詩)의 길

점점 두려워집니다
점점 서툴러집니다
점점 더 막막해 집니다

뒤돌아보면
아쉬움만 남아 있습니다

지난 일이
추억으로 쌓여 있습니다

하나하나 기억을 꺼내
시를 쓰겠습니다
다시 용기를 내겠습니다.

목련

4월 한 나절

하얀 날개들이
꿈속으로 비상한다

달콤한
눈빛으로.

손

손에
바다가 있다
하늘이 있다

아버지
땀방울이 만든 바다

어머니
웃음소리가 만든 하늘!

바다도
하늘도
우리에겐 늘 행복.

너와 나는

닳아 없어질까 아까운
불러도 다시 부르고 싶은
실수해도 애교로 봐주는
주름진 얼굴도
미소로 바꾸는 너!

너와 나는
세월을 함께 즐기는
동반자.

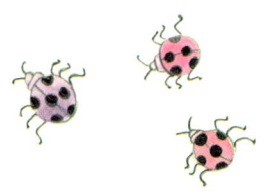

희망

마음속에
칭찬과 고마움이 담겨있는
호수 하나가 있습니다
아침이면
그 호숫가로 달려갑니다

잔잔한 물가에
노란 창포, 보랏빛 창포
아침 햇살과 함께 웃고 있습니다

바람에 호수가 흔들립니다
생각이 날립니다
꽃이 핍니다.

온갖 꽃을 담고 있는
내가
호수입니다.

시가 있어 좋은 밤

잠이 있을 자리에
시가 열두 편!

마음이 배부르고
괜스레 웃음이 난다

'누군가 읽어 주었으면…'
'읽고 감동해 주었으면…'

이런 생각을 하며
부끄러워 혼자 웃는다
시도 따라 웃는다.

다시 보고 싶다

하늘을 올려다 본다
무수히 많은 별 가운데
홀로 떠있는 달!

그때 그 자리에서
그 별과 그 달
다시 보고 싶다

보고 있어도
자꾸만 보고 싶은 친구
별!
달!

황산에서

서울 하늘에서 보던 달
중국 황산에서 만났다

너처럼
내 가슴에 담겨
여기까지 따라 온 달!

반갑다!

웃으며 다가서는
네 모습을 보는 것 같아서
더 반갑다.

똑! 똑! 똑!

똑! 똑! 똑!
생각을 두드립니다.
귀 기울여 듣고 있습니다
아무 소리가 없습니다

똑! 똑! 똑!
다시 두드립니다
심장소리만 외롭습니다

멀리 있는 그대와 나 사이에는
생각이 벽입니다

더 큰 반가움을 위해서
벽을 두드립니다.

진주목걸이

그리움이다
웃음꽃이다
오솔길이다

네 목에
내 목에
걸고 있는 사랑!

너와 나
세월을 걸고 가는
행복!

5

단풍잎 엽서

내 5월은

잔인한 4월이 가고
5월이 왔습니다

꽃들이 보입니다
새소리가 들립니다
그리운 얼굴들이 보입니다

그래서 5월을
사랑이라 하나봅니다

내 5월은
늘 내 가슴에 사랑으로 담긴
당신입니다.

6월의 모습

나뭇잎이 흔들리고
구름이 흐르고

라일락 깊은 향기 속에
5월이 가고 있다

내년의 5월은
어떤 모습으로 다시 올까?

내 6월은
또 어떤 모습으로 다가올까?

손을 보며

평생을
나와 함께 한 손!

손을 무게로 달면
얼마나 될까?

수고한 대가를 준다면
얼마를 주어야 할까?

무게도 대가도 알 수 없어
그냥 고맙다는 생각만 했다.

사랑의 저울

사랑하는 마음
사랑받는 마음
저울에 단다면
더도 말고 덜도 말고
늘 같았으면 좋겠다

그래도
받은 마음이
더 무거울 것 같다.

달맞이 꽃

어둠이 잠겨드는 밤
창밖을 본다

번잡했던 생각을
어둠에 묻고
달맞이꽃이 피었다

힘들 때마다
늘 빛이 되어주시던 어머니
장독대 구석에서
달맞이꽃으로 피어있다

오늘은
어머니를 만났다.

거울

찡그리면
찡그린 얼굴을 내밀고
노려보면
찬바람 부는 눈길을 보낸다

내가 웃으면
따라서 웃는 얼굴

거울은 메아리다

보낸 만큼 되돌아오는
사랑의 메아리다.

빛바랜 사진을 보며

곁에 있어도 없는 듯
때로는
슬쩍 못 들은 척 능청 떠는 너

얼굴 붉혀 가며 다투었던 그때도
이제는 그리움으로 남았다
어디쯤 가고 있을까?
얼마를 더 가야 할까?

빛바랜 사진 속에서
나처럼 웃고 있는 너.

상추

오뉴월 땡볕
그리움을 펼쳐놓고
당신을 기다립니다

세수하고
당신 앞에 앉았습니다

웃는 얼굴을 보니
나도 즐거워집니다

등에 배인 땀을
푸른 옷자락으로
어머니 그리움인양 싸고 있습니다

매미소리가 정겹습니다.

깍두기

세모!
네모!
깍두기 무

"잘 익었다"
"맛 있겠다"는
칭찬 한 마디에
어느새
맛이 들었다.

그리운 어머니

아프다

온 몸이 아프다
마음도 따라 아프다

아플 때마다
이마에 손을 얹어주던
어머니!

온 몸이 아픈 날
늘 그랬던 것처럼
어머니 손길을 기다린다.

단풍잎 엽서

밤사이
마당 가득 배달된
단풍잎 엽서!

엽서를 읽다가
그리운 그대 생각에
붉어진 내 마음!

반갑다

세브란스병원 10층
창문 밖으로 보이는
회색 벽 사이에서
잠자리를 보았다

풀밭도 아니고
시골 길도 아닌데
반갑다!

잠시나마 내 마음에
햇살을 안겨주던
그때
그 빨간 고추잠자리.

가을 언덕에서

억새밭에 갔더니
반갑다! 반갑다!
억새가 소리 지른다

가슴 다 벨 듯이
아프게 흔들린다

흔들릴 때마다
그리움이 묻어나는
억새!

가을 앓이

"가을 앓이 하는군요"

질문을 툭 던지며
다가서는 바람!

"어디, 마음 한 번 볼까요?"

그리우면
그립다고 말을 하지
왜 그리움을 참고
하늘만 쳐다보는지요?

보물 1호

회색빛 아파트에 비가 내립니다
차창으로
빗물이 강물처럼 흐릅니다

비를 바라 볼 수 있는 여유의 시간
당신 생각이 납니다

"지게벌이를 해서라도 책임질게!"

아직도 가슴 한켠
첫사랑
그 고백이 보석처럼 박혀 있습니다.

6

개망초 하얀 바다

물방울

물방울 속에
비가 내렸다

풀잎마다
알알이 맺힌
얼굴, 얼굴들!

물방울!
너는 내 그리움!

바람 편에

"고맙다"는 말 한 마디
바람 편에 실려 보냅니다
전하지 못하고
가슴에 묶어 둔 말들

오늘은
바람 불어 좋은 날
비 개고 햇볕이 찾아온 날

해묵은 장맛처럼
그 때 도와주어 고마웠어요!

나를 도와주고
나를 대신해 병원에 입원했던
그때 그 사람.

커피 맛

하루가 열린다

커피가 웃는다
커피 속에 담긴
그대도 웃는다

아! 오늘은
커피 맛이
달다.

9월

하늘이 높다
한가로운 오후
은빛 강물이 노래를 부른다

노래 속에 새가 난다
바람이 춤을 춘다

너와 나
우리의 행복한 하루가 열린다
아름다운 시간으로 채워 질
내 소중한
9월이 열린다.

"이모!" 하고 부르면

"이모!" 하고 부르면
고향처럼 늘 그립고
응석을 부려도
다 받아줄 것 같은
따뜻한 정이 넘친다

"이모!" 하고 부르면
입가로 미소가 번지고
마음이 환하게 밝아진다

"이모!" 하고 부르는
그 목소리가 왠지 좋다.

개망초 하얀 바다

펜션 뒤뜰
개망초가 하늘거린다
춤을 춘다

잠자리 날아간 자리
새소리가 앉는다
하얀 물결로 출렁댄다

8월 구름이
개망초 꽃을 데리고
어디론가
한가롭게 떠간다.

꿈 많은 소녀

들꽃이 지천으로 피고 새들이 자유롭게 노래하는 마을, 꿈 많은 소녀가 살았습니다.
하늘을 날아가고 싶었고, 바다로 헤엄쳐 나가고 싶었던 소녀!
꿈에서 솔개가 되고, 갈매기도 되었다가, 바람도 되었습니다.

훗날, 또 훗날
그 소녀는 시인이 되었습니다.

벚꽃이 피면

벚나무가 꽃잎을 날리면
꽃잎 타고
멀리 멀리 날아가리라

벚나무 꽃비가 내리면
새가 되어
닫힌 마음 활짝 열고
바람이 되어 날아가리라

벚꽃이 피면
나 그대 찾아
훨~훨~
날아가리라.

안부

'어디에 살고 있을까?'
너의 소식을 기다린다

비가 오려는지
나뭇잎이 흔들린다

아마 잘 살고 있다는
소식이겠지.

흔적이 없네

생각 하나

툭!
던져놓고
어디로 숨었을까?

찾고
또 찾아도
흔적이 없네.

8월

8월은
카르멘의 춤
칸나의 붉은 심장
태양을 향한 열정!

뜨거운 사랑에
옥수수가 영글고
사과가 익는다

8월은
너를 향한 내 그리움
나를 향한 사랑이다.

엄마의 향기

엄마의 손맛으로
열무김치를 담았다

식탁 가득
엄마 냄새
엄마 향기…

오늘 메뉴는
온통 사랑이다.

쑥부쟁이

들길에 꽃밭을 펼쳤다
수줍은 보랏빛 여인!

하늘은 높고
풀벌레 소리는 정겹고

가을들판에
아!
내 그리움을 펼친
쑥부쟁이.

나의 비타민
―손녀에게

너는 내 가슴에
소중히 간직하고 있는
보물!

생각할 때마다 웃음이 솟아나
너로 인해
날마다 기쁨을 얻는다

너는
나의 하루를 행복하게 채우는
비타민!

해바라기

얼마나 그리웠기에
얼마나 보고 싶었기에
가슴을
까맣게 태웠을까?

그것도 모자라
저렇게
그리움을 씨앗으로 맺었을까?

7

우산 하나로

사랑

어느 날 곰이 찾아와 속삭였다.
"내가 널 지켜 줄 거야. 평생…"
장미는 가시를 감추고
배시시 웃기만 했다.

그 후, 곰은 장미의 잎이
시들시들
힘이 빠져 있는 것 같을 때마다
가져온 꿀을 발라 주어
그 정성에 힘을 낸 장미는
사방에 향기를 뿌려 놓아
주변을 생기로 채워놓곤 했다.

그렇게 가을이 지나고 겨울잠에 든 곰,
마음에 싱싱한 향기를
꼬-옥 껴안고 잠에 들었다.
그의 굴속만은
삭풍이 몰아치는 바깥과는 달리
내내 따뜻하기만 했다.

커피 타임

먼지가 풀썩이는
밭두렁에
민들레가 피었어요

내 앞에 앉아
커피를 마시며
미소 짓는 당신!

나도 웃고
당신도 웃고
서로의 가슴에
꽃이 되는 시간.

어머니 오늘은…

희미한 등잔불 아래
따르르~ 따르르~
재봉틀이 돌아간다

간간히 들려오는 기침소리
밤은 깊어가고

다음날 아침상에
짠지 한 젓가락
고추장 한 숟가락
어머니가 담아내던 사랑!

어머니!
오늘은
당신이 보고 싶습니다.

내 멋진 친구

너무 불러서
닳아질까 두려운 이름이여
그래도
다시 부르고 싶은 친구야!

실수도 애교로 봐 주고
주름진 얼굴도 미소로 봐주는
천금 같은 친구
내 소중한 친구야!

우리는
서로를 더 행복하게 만들어
세월을 즐기는 동반자!

친구야!
부르다 부르다
닳아 없어져도 좋을
내 멋진 친구야!

소중한 내 친구야!
가슴 따뜻한 친구야!

들꽃

바람을 향한
짝사랑이다

가슴 열고
빈 마음에
그리운 눈빛으로 피어있는
들꽃.

우산 하나로

비는
사랑을 재촉한다
우산 하나로
둘이서 웃게 한다

비는
가슴 찡한 영화다
떨어지는 빗방울 속에
주인공이 되게 하는.

그런 친구

살아가면서
속 깊은 얘기 털어 놓아도
마음 편한 친구
그런 친구 하나쯤 두면 좋겠습니다.

울고 싶을 때
어깨에 기대어 실컷 울 수 있는
마음 편한 친구
그런 친구 한 명 있었으면 좋겠습니다.

외로울 때 달이 되어 주고
행복할 때 해가 되어주는 친구
부담 없는 친구가 있었으면 좋겠습니다

알고 보니 그 친구
당신이었습니다

당신이
내 멋진 친구였습니다.

딸에게

내가
나이를 먹는 것은 괜찮지만
네가
나이를 먹는 것은 싫다
왜일까?

세월이 흐르면
흐른 만큼 나무가 자라고
시간이 가면
간만큼 연륜이 쌓일 텐데

아침이 가면 저녁이 오듯
우리 삶도 그럴 텐데
엄마의 이런 마음도 사랑이겠지

우리
하루 생활에 감사하고
또 다른 아침을 준비하자

참, 딸아!
나에게는 늘
너의 행복이
내 아침이란 걸 귀띔해주고 싶다.

9월의 약속

미워했던 사람
싫어했던 사람
피하고 싶었던 사람
그 사람마저 보고 싶게 만드는 계절

가을이 간다
보고 싶은 사람들 생각을 담고
가을이 간다

9월이
그리움에 그대 생각을 놓고
10월로 간다

약속처럼
아름다운 사랑으로 간다.

남해의 밤풍경

고요한 바다
밤이 깊어간다

잠든 풀 섶에
벌레소리만 가득하다

외로운 바다
넉넉한 그리움을 앞에 세우고
달을 향해 올라간다

나를 닮아
달빛이 밝다.

오늘은

'사랑하고 싶다'
미워서 싫어했고
피하고 싶어서 멀리 했던 사람이
갑자기 보고 싶어지는 날!

"평범하게 사는 것이 얼마나 귀중한지"
어느 가수의 노래를 들으며
노랫말에 공감을 느낍니다.

그렇습니다
사랑하며 살기도
삶이 그리 길지 않을 텐데
미워하기에는 너무 부족한 시간들!

오늘은
그런 시간을 살고 있는 나를
내가 사랑합니다.

젓가락

둘이서 눈 맞추며
온갖 말 다 하고도
먼 길 떠날 때는 시무룩해 있다

손 내밀면 달려와
생퉁맞게 키 재기 하자며
까치발 든다

먼 바다 구경하느라 넋을 놓고 있으면
고개 빼고 기다리고 서 있다가
걸음 늦춰 보조 맞추는

추운 날
외투 깃 세워주고
잊지 않고 그때마다 등 다독여주는

실수를 해도 씨익~ 웃어주고
먼 산처럼 서서
말없이 웃으며 바라보는

천 날을, 다시 천 날을
수 없이 반복해도
변치 않을
동반자.

저수지에서

'접근금지! 들어가지 마시오'

무엇이 숨겨져 있어서 일까
오히려 호기심 부추기는
표시판

물보라처럼 흔들리는
궁금증 벗어 망보게 하고
들어 가 볼까?

들어오지 말라는 말을 비켜
안쪽 깊숙이 접근해 들어서면
무엇인가 숨어 있다가
깜짝 놀라 소리를 질러댈까?

뭘 하다가 들킨 것처럼
허둥대며
소리, 소리 질러댈까?

산

산이
호수에 내려왔다

소나기가
호수를 지웠다

비가 멎고
호수 위에
다시 산이 우뚝 섰다

내 그리움처럼
내 사랑처럼
지워지지 않는 산.

내 꿈은 숫자가 없다

지은이 / 김순희

펴낸이 / 金映希

펴낸곳 / 도서출판 土房

2014년 10월 20일 초판 1쇄 발행

등록 1991. 2.20. 제6-514호

136-825

서울특별시 성북구 성북로 22-1 3층

전화 766-2500, 747-4588

팩시밀리 747-9600

e-mail / tobang2003@hanmail.net

ⓒ 김순희, 2014

ISBN 978-89-87066-97-4 03810